# TRANZLATY
## El idioma es para todos
### Jezik je za sve

# La Bella y la Bestia

# Ljepotica i Zvijer

# Gabrielle-Suzanne Barbot de Villeneuve

Español / Hrvatski

Copyright © 2025 Tranzlaty
All rights reserved
Published by Tranzlaty
ISBN: 978-1-80572-073-7
Original text by Gabrielle-Suzanne Barbot de Villeneuve
La Belle et la Bête
First published in French in 1740
Taken from The Blue Fairy Book (Andrew Lang)
Illustration by Walter Crane
**www.tranzlaty.com**

**Había una vez un rico comerciante**
Bio jednom jedan bogati trgovac
**Este rico comerciante tuvo seis hijos.**
ovaj bogati trgovac imao je šestero djece
**Tenía tres hijos y tres hijas.**
imao je tri sina i tri kćeri
**No escatimó en gastos para su educación**
nije štedio za njihovo obrazovanje
**Porque era un hombre sensato**
jer je bio razuman čovjek
**pero dio a sus hijos muchos siervos**
ali je svojoj djeci dao mnogo slugu
**Sus hijas eran extremadamente bonitas**
njegove su kćeri bile izuzetno lijepe
**Y su hija menor era especialmente bonita.**
a posebno je bila lijepa njegova najmlađa kći
**Desde niña ya admiraban su belleza**
kao dijete već su se divili njezinoj ljepoti
**y la gente la llamaba por su belleza**
a narod ju je prozvao po ljepoti
**Su belleza no se desvaneció a medida que envejecía.**
njezina ljepota nije nestala kako je starila
**Así que la gente seguía llamándola por su belleza.**
pa ju je narod stalno prozivao po ljepoti
**Esto puso muy celosas a sus hermanas.**
zbog toga su njezine sestre bile vrlo ljubomorne
**Las dos hijas mayores tenían mucho orgullo.**
dvije najstarije kćeri imale su veliki ponos
**Su riqueza era la fuente de su orgullo.**
njihovo je bogatstvo bilo izvor njihovog ponosa
**y tampoco ocultaron su orgullo**
a nisu krili ni ponos
**No visitaron a las hijas de otros comerciantes.**
nisu posjećivali kćeri drugih trgovaca
**Porque sólo se encuentran con la aristocracia.**
jer se susreću samo s aristokracijom

**Salían todos los días a fiestas.**
izlazili su svaki dan na zabave
**bailes, obras de teatro, conciertos, etc.**
balovi, predstave, koncerti i tako dalje
**y se rieron de su hermana menor**
a smijali su se svojoj najmlađoj sestri
**Porque pasaba la mayor parte del tiempo leyendo**
jer je većinu vremena provodila čitajući
**Era bien sabido que eran ricos**
dobro se znalo da su imućni
**Así que varios comerciantes eminentes pidieron su mano.**
pa je nekoliko uglednih trgovaca zatražilo njihovu ruku
**pero dijeron que no se iban a casar**
ali rekli su da se neće vjenčati
**Pero estaban dispuestos a hacer algunas excepciones.**
ali su bili spremni napraviti neke iznimke
**"Quizás podría casarme con un duque"**
"Možda bih se mogla udati za vojvodu"
**"Supongo que podría casarme con un conde"**
"Pretpostavljam da bih se mogla udati za Earla"
**Bella agradeció muy civilizadamente a quienes le propusieron matrimonio.**
Ljepotica je vrlo civilizirano zahvalila onima koji su je zaprosili
**Ella les dijo que todavía era demasiado joven para casarse.**
rekla im je da je još premlada za udaju
**Ella quería quedarse unos años más con su padre.**
htjela je ostati još nekoliko godina s ocem
**De repente el comerciante perdió su fortuna.**
Odjednom je trgovac izgubio svoje bogatstvo
**Lo perdió todo excepto una pequeña casa de campo.**
izgubio je sve osim male seoske kuće
**Y con lágrimas en los ojos les dijo a sus hijos:**
i rekao je svojoj djeci sa suzama u očima:
**"Tenemos que ir al campo"**
"moramo ići na selo"

"y debemos trabajar para vivir"
"i moramo raditi za život"
**Las dos hijas mayores no querían abandonar el pueblo.**
dvije najstarije kćeri nisu htjele otići iz grada
**Tenían varios amantes en la ciudad.**
imali su nekoliko ljubavnika u gradu
**y estaban seguros de que uno de sus amantes se casaría con ellos**
i bili su sigurni da će ih jedan od njihovih ljubavnika oženiti
**Pensaban que sus amantes se casarían con ellos incluso sin fortuna.**
mislili su da će ih njihovi ljubavnici oženiti čak i bez imanja
**Pero las buenas damas estaban equivocadas.**
ali su se dobre dame prevarile
**Sus amantes los abandonaron muy rápidamente**
njihovi su ih ljubavnici vrlo brzo napustili
**porque ya no tenían fortuna**
jer više nisu imali bogatstva
**Esto demostró que en realidad no eran muy queridos.**
to je pokazalo da ih se zapravo ne voli
**Todos dijeron que no merecían compasión.**
svi su rekli da ne zaslužuju sažaljenje
**"Nos alegra ver su orgullo humillado"**
"drago nam je vidjeti njihov ponos ponižen"
**"Que se sientan orgullosos de ordeñar vacas"**
"neka se ponose kravama muzarama"
**Pero estaban preocupados por Bella.**
ali su bili zabrinuti za ljepotu
**Ella era una criatura tan dulce**
bila je tako slatko stvorenje
**Ella hablaba tan amablemente a la gente pobre.**
tako je ljubazno razgovarala sa siromašnim ljudima
**Y ella era de una naturaleza tan inocente.**
a bila je tako nevine naravi
**Varios caballeros se habrían casado con ella.**
Nekoliko bi je gospode oženilo

**Se habrían casado con ella aunque fuera pobre**
bili bi je oženili iako je bila siromašna
**pero ella les dijo que no podía casarlos**
ali im je rekla da se ne može udati za njih
**porque ella no dejaría a su padre**
jer ne bi ostavila oca
**Ella estaba decidida a ir con él al campo.**
bila je odlučna otići s njim na selo
**para que ella pudiera consolarlo y ayudarlo**
kako bi ga mogla utješiti i pomoći mu
**La pobre belleza estaba muy triste al principio.**
Jadna ljepotica isprva je bila jako ožalošćena
**Ella estaba afligida por la pérdida de su fortuna.**
bila je ožalošćena zbog gubitka svog bogatstva
**"Pero llorar no cambiará mi suerte"**
"ali plakanje neće promijeniti moju sudbinu"
**"Debo intentar ser feliz sin riquezas"**
"Moram se pokušati usrećiti bez bogatstva"
**Llegaron a su casa de campo**
došli su u svoju seosku kuću
**y el comerciante y sus tres hijos se dedicaron a la agricultura**
a trgovac i njegova tri sina posvetili su se stočarstvu
**Bella se levantó a las cuatro de la mañana.**
ljepota je ustala u četiri ujutro
**y se apresuró a limpiar la casa**
a ona je požurila pospremiti kuću
**y se aseguró de que la cena estuviera lista**
a ona se pobrinula da večera bude spremna
**Al principio encontró su nueva vida muy difícil.**
u početku joj je novi život bio vrlo težak
**porque no estaba acostumbrada a ese tipo de trabajo**
jer nije bila navikla na takav posao
**Pero en menos de dos meses se hizo más fuerte.**
ali je za manje od dva mjeseca ojačala
**Y ella estaba más sana que nunca.**
i bila je zdravija nego ikad prije

**Después de haber hecho su trabajo, leyó**
nakon što je obavila svoj posao čitala je
**Ella tocaba el clavicémbalo**
svirala je na čembalu
**o cantaba mientras hilaba seda**
ili je pjevala dok je prela svilu
**Por el contrario, sus dos hermanas no sabían cómo pasar el tiempo.**
naprotiv, njezine dvije sestre nisu znale kako provoditi vrijeme
**Se levantaron a las diez y no hicieron nada más que holgazanear todo el día.**
ustajali su u deset i cijeli dan nisu radili ništa osim ljenčarili
**Lamentaron la pérdida de sus hermosas ropas.**
oplakivali su gubitak svoje lijepe odjeće
**y se quejaron de perder a sus conocidos**
i žalili su se na gubitak svojih poznanstava
**"Mirad a nuestra hermana menor", se dijeron.**
"Pogledaj našu najmlađu sestru", govorile su jedna drugoj
**"¡Qué criatura tan pobre y estúpida es!"**
"kako je ona jadno i glupo stvorenje"
**"Es mezquino contentarse con tan poco"**
"zlobno je biti zadovoljan s tako malo"
**El amable comerciante tenía una opinión muy diferente.**
ljubazni trgovac bio je sasvim drugačijeg mišljenja
**Él sabía muy bien que Bella eclipsaba a sus hermanas.**
dobro je znao da ljepota nadmašuje njezine sestre
**Ella los eclipsó tanto en carácter como en mente.**
nadmašila ih je karakterom kao i umom
**Él admiraba su humildad y su arduo trabajo.**
divio se njezinoj poniznosti i marljivom radu
**Pero sobre todo admiraba su paciencia.**
ali najviše se divio njezinoj strpljivosti
**Sus hermanas le dejaron todo el trabajo por hacer.**
njezine su joj sestre ostavile sav posao
**y la insultaban a cada momento**

a vrijeđali su je svaki čas
**La familia había vivido así durante aproximadamente un año.**
Obitelj je tako živjela oko godinu dana
**Entonces el comerciante recibió una carta de un contable.**
tada je trgovac dobio pismo od računovođe
**Tenía una inversión en un barco.**
imao je investiciju u brod
**y el barco había llegado sano y salvo**
i brod je sretno stigao
**Esta noticia hizo que las dos hijas mayores se volvieran locas.**
Njegova vijest okrenula je glavu dvjema najstarijim kćerima
**Inmediatamente tuvieron esperanzas de regresar a la ciudad.**
odmah su se nadali povratku u grad
**Porque estaban bastante cansados de la vida en el campo.**
jer su bili prilično umorni od života na selu
**Fueron a ver a su padre cuando él se iba.**
otišli su ocu dok je odlazio
**Le rogaron que les comprara ropa nueva**
molili su ga da im kupi novu odjeću
**Vestidos, cintas y todo tipo de cositas.**
haljine, vrpce i kojekakve sitnice
**Pero Bella no pedía nada.**
ali ljepota nije tražila ništa
**Porque pensó que el dinero no sería suficiente.**
jer je mislila da novac neće biti dovoljan
**No habría suficiente para comprar todo lo que sus hermanas querían.**
ne bi bilo dovoljno da se kupi sve što njezine sestre žele
**- ¿Qué te gustaría, Bella? -preguntó su padre.**
– Što bi htjela, ljepotice? upita njezin otac
**"Gracias, padre, por la bondad de pensar en mí", dijo.**
"hvala ti, oče, što si mislio na mene", rekla je
**"Padre, ten la amabilidad de traerme una rosa"**
"Oče, budi ljubazan da mi doneseš ružu"

"Porque aquí en el jardín no crecen rosas"
"jer ovdje u vrtu ne rastu ruže"
"y las rosas son una especie de rareza"
"a ruže su prava rijetkost"
**A Bella realmente no le importaban las rosas**
ljepotica nije baš marila za ruže
**Ella solo pidió algo para no condenar a sus hermanas.**
tražila je samo nešto da ne osuđuje svoje sestre
**Pero sus hermanas pensaron que ella pidió rosas por otros motivos.**
ali njezine su sestre mislile da je tražila ruže iz drugih razloga
"Lo hizo sólo para parecer especial"
"učinila je to samo da izgleda posebno"
**El hombre amable continuó su viaje.**
Ljubazan čovjek je otišao na put
**pero cuando llego discutieron sobre la mercancia**
ali kad je stigao svađali su se oko robe
**Y después de muchos problemas volvió tan pobre como antes.**
i nakon silnih muka vratio se siromašan kao i prije
**Estaba a un par de horas de su propia casa.**
bio je unutar nekoliko sati od vlastite kuće
**y ya imaginaba la alegría de ver a sus hijos**
i već je zamišljao radost što će vidjeti svoju djecu
**pero al pasar por el bosque se perdió**
ali kad je prolazio kroz šumu izgubio se
**Llovió y nevó terriblemente**
padala je užasna kiša i snijeg
**El viento era tan fuerte que lo arrojó del caballo.**
vjetar je bio toliko jak da ga je bacio s konja
**Y la noche se acercaba rápidamente**
a noć je brzo dolazila
**Empezó a pensar que podría morir de hambre.**
počeo je razmišljati da bi mogao umrijeti od gladi
**y pensó que podría morir congelado**
i mislio je da bi se mogao smrznuti nasmrt

y pensó que los lobos podrían comérselo
i mislio je da bi ga vukovi mogli pojesti
**Los lobos que oía aullar a su alrededor**
vukovi koje je čuo kako zavijaju posvuda oko njega
**Pero de repente vio una luz.**
ali odjednom je ugledao svjetlo
**Vio la luz a lo lejos entre los árboles.**
vidio je svjetlo na daljinu kroz drveće
**Cuando se acercó vio que la luz era un palacio.**
kad je prišao bliže vidio je da je svjetlost bila palača
**El palacio estaba iluminado de arriba a abajo.**
palača je bila osvijetljena od vrha do dna
**El comerciante agradeció a Dios por su suerte.**
trgovac je zahvalio Bogu na svojoj sreći
**y se apresuró a ir al palacio**
te je pohitao u palaču
**Pero se sorprendió al no ver gente en el palacio.**
ali se iznenadio što nije vidio ljude u palači
**El patio estaba completamente vacío.**
dvorište je bilo potpuno prazno
**y no había señales de vida en ninguna parte**
a nigdje nije bilo znaka života
**Su caballo lo siguió hasta el palacio.**
njegov ga je konj slijedio u palaču
**y luego su caballo encontró un gran establo**
a onda je njegov konj pronašao veliku staju
**El pobre animal estaba casi muerto de hambre.**
jadna je životinja bila gotovo gladna
**Entonces su caballo fue a buscar heno y avena.**
pa je njegov konj ušao da nađe sijena i zobi
**Afortunadamente encontró mucho para comer.**
srećom je našao dosta hrane
**y el mercader ató su caballo al pesebre**
a trgovac priveza konja za jasle
**Caminando hacia la casa no vio a nadie.**
hodajući prema kući nije vidio nikoga

**Pero en un gran salón encontró un buen fuego.**
ali u velikoj dvorani našao je dobru vatru
**y encontró una mesa puesta para uno**
i našao je stol postavljen za jednoga
**Estaba mojado por la lluvia y la nieve.**
bio je mokar od kiše i snijega
**Entonces se acercó al fuego para secarse.**
pa priđe vatri da se osuši
**"Espero que el dueño de la casa me disculpe"**
"Nadam se da će me gazda ispričati"
**"Supongo que no tardará mucho en aparecer alguien"**
"Pretpostavljam da neće trebati dugo da se netko pojavi"
**Esperó un tiempo considerable**
Čekao je dosta vremena
**Esperó hasta que dieron las once y todavía no venía nadie.**
čekao je dok nije otkucalo jedanaest, ali i dalje nitko nije došao
**Al final tenía tanta hambre que no podía esperar más.**
napokon je bio toliko gladan da više nije mogao čekati
**Tomó un poco de pollo y se lo comió en dos bocados.**
uze malo piletine i pojede je u dva zalogaja
**Estaba temblando mientras comía la comida.**
drhtao je dok je jeo hranu
**Después de esto bebió unas copas de vino.**
nakon ovoga je popio nekoliko čaša vina
**Cada vez más valiente, salió del salón.**
sve hrabriji izađe iz dvorane
**y atravesó varios grandes salones**
i prešao je kroz nekoliko velikih dvorana
**Caminó por el palacio hasta llegar a una cámara.**
hodao je kroz palaču dok nije došao u jednu odaju
**Una habitación que tenía una cama muy buena.**
komora koja je u sebi imala iznimno dobar krevet
**Estaba muy fatigado por su terrible experiencia.**
bio je vrlo umoran od svoje kušnje
**Y ya era pasada la medianoche**
a vrijeme je već prošla ponoć

**Entonces decidió que era mejor cerrar la puerta.**
pa je zaključio da je najbolje zatvoriti vrata
**y concluyó que debía irse a la cama**
i zaključio je da bi trebao otići u krevet
**Eran las diez de la mañana cuando el comerciante se despertó.**
Bilo je deset sati ujutro kad se trgovac probudio
**Justo cuando iba a levantarse vio algo**
baš kad je krenuo ustati ugledao je nešto
**Se sorprendió al ver un conjunto de ropa limpia.**
bio je zapanjen ugledavši čist komplet odjeće
**En el lugar donde había dejado su ropa sucia.**
na mjestu gdje je ostavio svoju prljavu odjeću
**"Seguramente este palacio pertenece a algún tipo de hada"**
"ova palača sigurno pripada nekoj vili"
**" Un hada que me ha visto y se ha compadecido de mí"**
" vila koja je vidjela i sažalila me"
**Miró por una ventana**
pogledao je kroz prozor
**Pero en lugar de nieve vio el jardín más delicioso.**
ali umjesto snijega ugledao je najdivniji vrt
**Y en el jardín estaban las rosas más hermosas.**
a u vrtu su bile najljepše ruže
**Luego regresó al gran salón.**
zatim se vratio u veliku dvoranu
**El salón donde había tomado sopa la noche anterior.**
dvoranu u kojoj je večer prije jeo juhu
**y encontró un poco de chocolate en una mesita**
i našao je malo čokolade na stoliću
**"Gracias, buena señora hada", dijo en voz alta.**
"Hvala vam, dobra gospođo Vilo", rekao je naglas
**"Gracias por ser tan cariñoso"**
"hvala što si tako brižan"
**"Le estoy sumamente agradecido por todos sus favores"**
"Izuzetno sam vam zahvalan za sve vaše usluge"
**El hombre amable bebió su chocolate.**

ljubazni čovjek je popio svoju čokoladu
**y luego fue a buscar su caballo**
a onda je otišao potražiti svog konja
**Pero en el jardín recordó la petición de Bella.**
ali u vrtu se sjetio ljepotičina zahtjeva
**y cortó una rama de rosas**
i on je odrezao granu ruže
**Inmediatamente oyó un gran ruido**
odmah je začuo veliku buku
**y vio una bestia terriblemente espantosa**
i ugleda strahovito strašnu zvijer
**Estaba tan asustado que estaba a punto de desmayarse.**
toliko se uplašio da je bio spreman pasti u nesvijest
**-Eres muy desagradecido -le dijo la bestia.**
"Vrlo si nezahvalan", reče mu zvijer
**Y la bestia habló con voz terrible**
a zvijer je progovorila strašnim glasom
**"Te he salvado la vida al permitirte entrar en mi castillo"**
"Spasio sam ti život dopustivši ti ulazak u svoj dvorac"
**"¿Y a cambio me robas mis rosas?"**
"i za ovo mi kradeš ruže zauzvrat?"
**"Las rosas que valoro más que nada"**
"Ruže koje cijenim iznad svega"
**"Pero morirás por lo que has hecho"**
"ali umrijet ćeš za ono što si učinio"
**"Sólo te doy un cuarto de hora para que te prepares"**
"Dajem ti samo četvrt sata da se pripremiš"
**"Prepárate para la muerte y di tus oraciones"**
"spremi se za smrt i pomoli se"
**El comerciante cayó de rodillas**
trgovac je pao na koljena
**y alzó ambas manos**
i podigao je obje ruke
**"Mi señor, le ruego que me perdone"**
"Gospodaru, preklinjem te da mi oprostiš"
**"No tuve intención de ofenderte"**

"Nisam te imao namjeru uvrijediti"
**"Recogí una rosa para una de mis hijas"**
"Nabrao sam ružu za jednu od svojih kćeri"
**"Ella me pidió que le trajera una rosa"**
"zamolila me da joj donesem ružu"
-No soy tu señor, pero soy una bestia -respondió el monstruo.
"Ja nisam tvoj gospodar, ali ja sam zvijer", odgovori čudovište
**"No me gustan los cumplidos"**
"Ne volim komplimente"
**"Me gusta la gente que habla como piensa"**
"Volim ljude koji govore kako misle"
**"No creas que me puedo conmover con halagos"**
"nemoj misliti da me može dirnuti laskanje"
**"Pero dices que tienes hijas"**
"Ali kažeš da imaš kćeri"
**"Te perdonaré con una condición"**
"Oprostit ću ti pod jednim uvjetom"
**"Una de tus hijas debe venir voluntariamente a mi palacio"**
"jedna od tvojih kćeri mora dobrovoljno doći u moju palaču"
**"y ella debe sufrir por ti"**
"i ona mora patiti za tebe"
**"Déjame tener tu palabra"**
"Daj mi tvoju riječ"
**"Y luego podrás continuar con tus asuntos"**
"i onda možete nastaviti svojim poslom"
**"Prométeme esto:"**
"Obećaj mi ovo:"
**"Si tu hija se niega a morir por ti, deberás regresar dentro de tres meses"**
"Ako vaša kći odbije umrijeti za vas, morate se vratiti u roku od tri mjeseca"
**El comerciante no tenía intenciones de sacrificar a sus hijas.**
trgovac nije imao namjeru žrtvovati svoje kćeri
**Pero, como le habían dado tiempo, quiso volver a ver a sus hijas.**

ali, budući da je dobio vremena, želio je još jednom vidjeti
svoje kćeri
**Así que prometió que volvería.**
pa je obećao da će se vratiti
**Y la bestia le dijo que podía partir cuando quisiera.**
a zvijer mu je rekla da može krenuti kad mu se prohtije
**y la bestia le dijo una cosa más**
a zvijer mu reče još jednu stvar
**"No te irás con las manos vacías"**
"nećeš otići praznih ruku"
**"Vuelve a la habitación donde yacías"**
"vrati se u sobu gdje si ležao"
**"Verás un gran cofre del tesoro vacío"**
"vidjet ćete veliku praznu škrinju s blagom"
**"Llena el cofre del tesoro con lo que más te guste"**
"napunite škrinju s blagom onim što vam se najviše sviđa"
**"y enviaré el cofre del tesoro a tu casa"**
"i ja ću poslati škrinju s blagom u tvoj dom"
**Y al mismo tiempo la bestia se retiró.**
a pritom se zvijer povukla
**"Bueno", se dijo el buen hombre.**
"Pa", rekao je dobri čovjek u sebi
**"Si tengo que morir, al menos dejaré algo a mis hijos"**
"Ako moram umrijeti, ostavit ću barem nešto svojoj djeci"
**Así que regresó al dormitorio.**
pa se vratio u spavaću sobu
**y encontró una gran cantidad de piezas de oro**
i našao je jako mnogo zlatnika
**Llenó el cofre del tesoro que la bestia había mencionado.**
napunio je škrinju s blagom koju je zvijer spomenula
**y sacó su caballo del establo**
a konja je izveo iz konjušnice
**La alegría que sintió al entrar al palacio ahora era igual al dolor que sintió al salir de él.**
radost koju je osjetio kad je ušao u palaču sada je bila jednaka tuzi koju je osjećao napuštajući je

**El caballo tomó uno de los caminos del bosque.**
konj je krenuo jednom od šumskih cesta
**Y en pocas horas el buen hombre estaba en casa.**
i za nekoliko sati dobri je čovjek bio kod kuće
**Sus hijos vinieron a él**
došla su mu djeca njegova
**Pero en lugar de recibir sus abrazos con placer, los miró.**
ali umjesto da sa zadovoljstvom primi njihove zagrljaje, pogledao ih je
**Levantó la rama que tenía en sus manos.**
podigao je granu koju je imao u rukama
**y luego estalló en lágrimas**
a onda je briznuo u plač
**"Belleza", dijo, "por favor toma estas rosas".**
"ljepotice", rekao je, "molim te uzmi ove ruže"
**"No puedes saber lo costosas que han sido estas rosas"**
"ne možeš znati koliko su ove ruže bile skupe"
**"Estas rosas le han costado la vida a tu padre"**
"ove ruže koštale su tvog oca života"
**Y luego contó su fatal aventura.**
a zatim je ispričao svoju kobnu pustolovinu
**Inmediatamente las dos hermanas mayores gritaron.**
odmah povikaše dvije najstarije sestre
**y le dijeron muchas cosas malas a su hermosa hermana**
i rekli su mnogo zlobnih stvari svojoj lijepoj sestri
**Pero Bella no lloró en absoluto.**
ali ljepotica uopće nije plakala
**"Mirad el orgullo de ese pequeño desgraciado", dijeron.**
"Pogledaj ponos tog malog bijednika", rekli su
**"ella no pidió ropa fina"**
"nije tražila finu odjeću"
**"Ella debería haber hecho lo que hicimos"**
"trebala je učiniti ono što smo mi učinili"
**"ella quería distinguirse"**
"htjela se istaknuti"
**"Así que ahora ella será la muerte de nuestro padre"**

"pa sada će ona biti smrt našeg oca"
**"Y aún así no derrama ni una lágrima"**
"a ipak ne pusti suzu"
**"¿Por qué debería llorar?" respondió Bella**
– Zašto bih plakala? odgovori ljepotica
**"Llorar sería muy innecesario"**
"plakanje bi bilo vrlo nepotrebno"
**"mi padre no sufrirá por mí"**
"moj otac neće patiti za mnom"
**"El monstruo aceptará a una de sus hijas"**
"čudovište će prihvatiti jednu od njegovih kćeri"
**"Me ofreceré a toda su furia"**
"Ponudit ću se svom njegovom bijesu"
**"Estoy muy feliz, porque mi muerte salvará la vida de mi padre"**
"Jako sam sretan, jer će moja smrt spasiti život mog oca"
**"mi muerte será una prueba de mi amor"**
"moja smrt će biti dokaz moje ljubavi"
**-No, hermana -dijeron sus tres hermanos.**
"Ne, sestro", rekla su njezina tri brata
**"Eso no será"**
"to nece biti"
**"Iremos a buscar al monstruo"**
"Ići ćemo pronaći čudovište"
**"y o lo matamos..."**
"i ili ćemo ga ubiti..."
**"...o pereceremos en el intento"**
"... ili ćemo izginuti u pokušaju"
**"No imaginéis tal cosa, hijos míos", dijo el mercader.**
"Nemojte zamišljati tako nešto, sinovi moji", rekao je trgovac
**"El poder de la bestia es tan grande que no tengo esperanzas de que puedas vencerlo"**
"Moć zvijeri je tolika da se ne nadam da biste je mogli nadvladati"
**"Estoy encantado con la amable y generosa oferta de Bella"**
"Očaran sam ljubaznom i velikodušnom ponudom ljepote"

"pero no puedo aceptar su generosidad"
"ali ne mogu prihvatiti njenu velikodušnost"
"Soy viejo y no me queda mucho tiempo de vida"
"Star sam i nije mi ostalo još dugo"
"Así que sólo puedo perder unos pocos años"
"tako da mogu izgubiti samo nekoliko godina"
"Tiempo que lamento por vosotros, mis queridos hijos"
"vrijeme za kojim vas žalim, djeco moja draga"
"Pero padre", dijo Bella
"Ali oče", rekla je ljepotica
"No irás al palacio sin mí"
"nećeš ići u palaču bez mene"
"No puedes impedir que te siga"
"ne možeš me spriječiti da te slijedim"
Nada podría convencer a Bella de lo contrario.
ništa nije moglo uvjeriti ljepotu u suprotno
Ella insistió en ir al bello palacio.
inzistirala je na odlasku u finu palaču
y sus hermanas estaban encantadas con su insistencia
a njezine su sestre bile oduševljene njezinim inzistiranjem
El comerciante estaba preocupado ante la idea de perder a su hija.
Trgovac je bio zabrinut pri pomisli da će izgubiti svoju kćer
Estaba tan preocupado que se había olvidado del cofre lleno de oro.
bio je toliko zabrinut da je zaboravio na škrinju punu zlata
Por la noche se retiró a descansar y cerró la puerta de su habitación.
noću se povukao na odmor i zatvorio vrata svoje sobe
Entonces, para su gran asombro, encontró el tesoro junto a su cama.
tada je, na svoje veliko zaprepaštenje, pronašao blago pokraj svog kreveta
Estaba decidido a no contárselo a sus hijos.
bio je odlučan ne reći svojoj djeci
Si lo supieran, hubieran querido regresar al pueblo.

da su znali, htjeli bi se vratiti u grad
**y estaba decidido a no abandonar el campo**
i bio je odlučan da ne napušta selo
**Pero él confió a Bella el secreto.**
ali je ljepoti povjeravao tajnu
**Ella le informó que dos caballeros habían llegado.**
obavijestila ga je da su došla dva gospodina
**y le hicieron propuestas a sus hermanas**
i predlagali su njezine sestre
**Ella le rogó a su padre que consintiera su matrimonio.**
molila je oca da pristane na njihov brak
**y ella le pidió que les diera algo de su fortuna**
a ona ga je zamolila da im da nešto od svog imetka
**Ella ya los había perdonado.**
već im je oprostila
**Las malvadas criaturas se frotaron los ojos con cebollas.**
opaka su stvorenja trljala oči lukom
**Para forzar algunas lágrimas cuando se separaron de su hermana.**
natjerati koju suzu kad su se rastajali sa sestrom
**Pero sus hermanos realmente estaban preocupados.**
ali njezina su braća doista bila zabrinuta
**Bella fue la única que no derramó ninguna lágrima.**
ljepotica jedina nije pustila nijednu suzu
**Ella no quería aumentar su malestar.**
nije htjela povećati njihovu nelagodu
**El caballo tomó el camino directo al palacio.**
konj je krenuo izravnom cestom do palače
**y hacia la tarde vieron el palacio iluminado**
a prema večeri ugledaše rasvijetljenu palaču
**El caballo volvió a entrar solo en el establo.**
konj se opet odveo u staju
**Y el buen hombre y su hija entraron en el gran salón.**
a dobri čovjek i njegova kći uđoše u veliku dvoranu
**Aquí encontraron una mesa espléndidamente servida.**
ovdje su našli sjajno serviran stol

**El comerciante no tenía apetito para comer**
trgovac nije imao apetita za jelo
**Pero Bella se esforzó por parecer alegre.**
ali ljepotica se trudila ispasti vesela
**Ella se sentó a la mesa y ayudó a su padre.**
sjela za stol i pomogla ocu
**Pero también pensó para sí misma:**
ali je također pomislila u sebi:
**"La bestia seguramente quiere engordarme antes de comerme"**
"zvijer me sigurno želi ugojiti prije nego me pojede"
**"Por eso ofrece tanto entretenimiento"**
"zato on pruža tako bogatu zabavu"
**Después de haber comido oyeron un gran ruido.**
nakon što su jeli čuli su veliku buku
**Y el comerciante se despidió de su desdichado hijo con lágrimas en los ojos.**
a trgovac se sa suzama u očima oprostio od svog nesretnog djeteta
**Porque sabía que la bestia venía**
jer je znao da zvijer dolazi
**Bella estaba aterrorizada por su horrible forma.**
ljepotica je bila prestravljena njegovim užasnim oblikom
**Pero ella tomó coraje lo mejor que pudo.**
ali se ohrabrila koliko je mogla
**Y el monstruo le preguntó si venía voluntariamente.**
a čudovište ju je upitalo je li došla dragovoljno
**-Sí, he venido voluntariamente -dijo temblando.**
"Da, došla sam svojevoljno", rekla je drhteći
**La bestia respondió: "Eres muy bueno"**
zvijer je odgovorila: "Vrlo si dobar"
**"Y te lo agradezco mucho, hombre honesto"**
"i ja sam vam jako zahvalan; pošteni čovječe"
**"Continuad vuestro camino mañana por la mañana"**
"idi svojim putem sutra ujutro"
**"Pero nunca pienses en venir aquí otra vez"**

"ali nikad više ne pomisli doći ovdje"
**"Adiós bella, adiós bestia", respondió.**
"Zbogom ljepotice, zbogom zvijeri", odgovorio je
**Y de inmediato el monstruo se retiró.**
i odmah se čudovište povuklo
**"Oh, hija", dijo el comerciante.**
"Oh, kćeri", rekao je trgovac
**y abrazó a su hija una vez más**
i on još jednom zagrli svoju kćer
**"Estoy casi muerto de miedo"**
"Skoro sam nasmrt preplašen"
**"Créeme, será mejor que regreses"**
"vjeruj mi, bolje da se vratiš"
**"déjame quedarme aquí, en tu lugar"**
"daj mi da ostanem ovdje, umjesto tebe"
—**No, padre** —dijo Bella con tono decidido.
"Ne, oče", rekla je ljepotica, odlučnim tonom
**"Partirás mañana por la mañana"**
"sutra ujutro ćeš krenuti"
**"déjame al cuidado y protección de la providencia"**
"prepusti me brizi i zaštiti providnosti"
**Aún así se fueron a la cama**
ipak su otišli u krevet
**Pensaron que no cerrarían los ojos en toda la noche.**
mislili su da cijelu noć neće oka sklopiti
**pero justo cuando se acostaron se durmieron**
ali tek što su legli spavali su
**Bella soñó que una bella dama se acercó y le dijo:**
ljepotica je sanjala da je došla fina gospođa i rekla joj:
**"Estoy contento, bella, con tu buena voluntad"**
"Zadovoljan sam, ljepotice, tvojom dobrom voljom"
**"Esta buena acción tuya no quedará sin recompensa"**
"ovaj tvoj dobar postupak neće ostati nenagrađen"
**Bella se despertó y le contó a su padre su sueño.**
ljepotica se probudila i ispričala ocu svoj san
**El sueño ayudó a consolarlo un poco.**

san je pomogao da ga malo utješi
**Pero no pudo evitar llorar amargamente mientras se marchaba.**
ali nije mogao suspregnuti gorki plač dok je odlazio
**Tan pronto como se fue, Bella se sentó en el gran salón y lloró también.**
čim je on otišao, ljepotica je sjela u veliku dvoranu i također zaplakala
**Pero ella decidió no sentirse inquieta.**
ali odlučila je ne osjećati nelagodu
**Ella decidió ser fuerte por el poco tiempo que le quedaba de vida.**
odlučila je biti jaka ono malo vremena što joj je preostalo za život
**Porque creía firmemente que la bestia la comería.**
jer je čvrsto vjerovala da će je zvijer pojesti
**Sin embargo, pensó que también podría explorar el palacio.**
međutim, mislila je da bi mogla istražiti i palaču
**y ella quería ver el hermoso castillo**
i htjela je razgledati lijepi dvorac
**Un castillo que no pudo evitar admirar.**
dvorac kojem se nije mogla ne diviti
**Era un palacio deliciosamente agradable.**
bila je to divno ugodna palača
**y ella se sorprendió muchísimo al ver una puerta**
i bila je iznimno iznenađena ugledavši vrata
**Y sobre la puerta estaba escrito que era su habitación.**
a preko vrata je pisalo da je to njezina soba
**Ella abrió la puerta apresuradamente**
žurno je otvorila vrata
**y ella quedó completamente deslumbrada con la magnificencia de la habitación.**
i bila je prilično zaslijepljena veličanstvenošću sobe
**Lo que más le llamó la atención fue una gran biblioteca.**
ono što joj je najviše zaokupilo pozornost bila je velika knjižnica

Un clavicémbalo y varios libros de música.
čembalo i nekoliko notnih knjiga
"Bueno", se dijo a sí misma.
"Pa", rekla je sama sebi
"Veo que la bestia no dejará que mi tiempo cuelgue pesadamente"
"Vidim da zvijer neće dopustiti da moje vrijeme bude teško"
Entonces reflexionó sobre su situación.
zatim je razmislila o svojoj situaciji
"Si me hubiera quedado un día, todo esto no estaría aquí"
"Da mi je suđeno ostati jedan dan, svega ovoga ne bi bilo"
Esta consideración le inspiró nuevo coraje.
ovo ju je razmatranje nadahnulo novom hrabrošću
y tomó un libro de su nueva biblioteca
i uzela je knjigu iz svoje nove knjižnice
y leyó estas palabras en letras doradas:
i pročitala je ove riječi ispisane zlatnim slovima:
"Bienvenida Bella, destierra el miedo"
"Dobro došla ljepotice, otjeraj strah"
"Eres reina y señora aquí"
"Ti si ovdje kraljica i gospodarica"
"Di tus deseos, di tu voluntad"
"Reci svoje želje, reci svoju volju"
"Aquí la obediencia rápida cumple tus deseos"
"Ovdje brza poslušnost ispunjava vaše želje"
"¡Ay!", dijo ella con un suspiro.
"Jao", rekla je uz uzdah
"Lo que más deseo es ver a mi pobre padre"
"Najviše od svega želim vidjeti svog jadnog oca"
"y me gustaría saber qué está haciendo"
"i volio bih znati što on radi"
Tan pronto como dijo esto se dio cuenta del espejo.
Čim je to rekla, primijetila je ogledalo
Para su gran asombro, vio su propia casa en el espejo.
na svoje veliko čuđenje ugledala je vlastiti dom u ogledalu
Su padre llegó emocionalmente agotado.

njezin je otac stigao emocionalno iscrpljen
**Sus hermanas fueron a recibirlo**
njezine sestre pošle su mu u susret
**A pesar de sus intentos de parecer tristes, su alegría era visible.**
unatoč njihovim pokušajima da izgledaju tužni, njihova je radost bila vidljiva
**Un momento después todo desapareció**
trenutak kasnije sve je nestalo
**Y las aprensiones de Bella también desaparecieron.**
a nestale su i strepnje ljepote
**porque sabía que podía confiar en la bestia**
jer je znala da može vjerovati zvijeri
**Al mediodía encontró la cena lista.**
U podne je našla gotovu večeru
**Ella se sentó a la mesa**
sama je sjela za stol
**y se entretuvo con un concierto de música**
a zabavljala se koncertom glazbe
**Aunque no podía ver a nadie**
iako nije mogla nikoga vidjeti
**Por la noche se sentó a cenar otra vez**
noću je opet sjela za večeru
**Esta vez escuchó el ruido que hizo la bestia.**
ovaj put je čula buku koju je zvijer napravila
**y ella no pudo evitar estar aterrorizada**
i nije mogla ne biti prestravljena
**"belleza", dijo el monstruo**
"ljepotice", reče čudovište
**"¿Me permites comer contigo?"**
"dopuštaš li mi da jedem s tobom?"
**"Haz lo que quieras", respondió Bella temblando.**
"radi kako hoćeš", odgovori ljepotica dršćući
**"No", respondió la bestia.**
"Ne", odgovori zvijer
**"Sólo tú eres la señora aquí"**

"samo si ti ovdje gospodarica"
**"Puedes despedirme si soy problemático"**
"možeš me poslati ako budem problematičan"
**"Despídeme y me retiraré inmediatamente"**
"pošalji me i odmah ću se povući"
**-Pero dime, ¿no te parece que soy muy fea?**
"Ali, reci mi; ne misliš li da sam jako ružan?"
**"Eso es verdad", dijo Bella.**
"To je istina", rekla je ljepotica
**"No puedo decir una mentira"**
"Ne mogu lagati"
**"Pero creo que tienes muy buen carácter"**
"ali vjerujem da si vrlo dobre naravi"
**"Sí, lo soy", dijo el monstruo.**
"Uistinu jesam", reče čudovište
**"Pero aparte de mi fealdad, tampoco tengo sentido"**
"Ali osim svoje ružnoće, nemam ni razuma"
**"Sé muy bien que soy una criatura tonta"**
"Dobro znam da sam blesavo stvorenje"
**—No es ninguna locura pensar así —replicó Bella.**
"Nije znak ludosti tako misliti", odgovori ljepotica
**"Come entonces, bella", dijo el monstruo.**
"Onda jedi, ljepotice", reče čudovište
**"Intenta divertirte en tu palacio"**
"pokušaj se zabaviti u svojoj palači"
**"Todo aquí es tuyo"**
"sve je ovdje tvoje"
**"Y me sentiría muy incómodo si no fueras feliz"**
"i bilo bi mi jako neugodno da ti nisi sretan"
**-Eres muy servicial -respondió Bella.**
"Vrlo ste ljubazni", odgovori ljepotica
**"Admito que estoy complacido con su amabilidad"**
"Priznajem da sam zadovoljan vašom ljubaznošću"
**"Y cuando considero tu bondad, apenas noto tus deformidades"**
"a kad uzmem u obzir tvoju dobrotu, jedva primjećujem tvoje

deformitete"
"Sí, sí", dijo la bestia, "mi corazón es bueno".
"Da, da", reče zvijer, "moje srce je dobro
**"Pero aunque soy bueno, sigo siendo un monstruo"**
"ali iako sam dobar, još uvijek sam čudovište"
**"Hay muchos hombres que merecen ese nombre más que tú"**
"Ima mnogo muškaraca koji zaslužuju to ime više od tebe"
**"Y te prefiero tal como eres"**
"i draži si mi takav kakav jesi"
**"y te prefiero más que a aquellos que esconden un corazón ingrato"**
"i draži si mi od onih koji kriju nezahvalno srce"
**"Si tuviera algo de sentido común", respondió la bestia.**
"Kad bih samo imao razuma", odgovori zvijer
**"Si tuviera sentido común, te haría un buen cumplido para agradecerte"**
"Da sam imao razuma, dao bih vam dobar kompliment"
**"Pero soy tan aburrida"**
"ali ja sam tako dosadna"
**"Sólo puedo decir que le estoy muy agradecido"**
"Mogu samo reći da sam vam jako zahvalan"
**Bella comió una cena abundante**
ljepotica je obilno večerala
**y ella casi había superado su miedo al monstruo**
i gotovo je pobijedila svoj strah od čudovišta
**Pero ella quería desmayarse cuando la bestia le hizo la siguiente pregunta.**
ali htjela se onesvijestiti kad joj je zvijer postavila sljedeće pitanje
**"Belleza, ¿quieres ser mi esposa?"**
"ljepotice, hoćeš li biti moja žena?"
**Ella tardó un tiempo antes de poder responder.**
trebalo joj je neko vrijeme prije nego što je uspjela odgovoriti
**Porque tenía miedo de hacerlo enojar**
jer se bojala da ga ne naljuti
**Al final, sin embargo, dijo: "No, bestia".**

Na kraju je ipak rekla "ne, zvijer"
**Inmediatamente el pobre monstruo silbó muy espantosamente.**
odmah je jadno čudovište vrlo zastrašujuće zasiktalo
**y todo el palacio hizo eco**
a cijela je palača odjeknula
**Pero Bella pronto se recuperó de su susto.**
ali se ljepotica ubrzo oporavila od straha
**porque la bestia volvió a hablar con voz triste**
jer je zvijer opet progovorila tugaljivim glasom
**"Entonces adiós, belleza"**
"onda zbogom ljepotice"
**y sólo se volvía de vez en cuando**
a on se samo tu i tamo okretao
**mirarla mientras salía**
da je pogleda dok je izlazio
**Ahora Bella estaba sola otra vez**
sada je ljepotica opet bila sama
**Ella sintió mucha compasión**
osjetila je veliko suosjećanje
**"Ay, es una lástima"**
"Jao, to je tisuću šteta"
**"algo tan bueno no debería ser tan feo"**
"sve što je tako dobre naravi ne bi trebalo biti tako ružno"
**Bella pasó tres meses muy contenta en palacio.**
ljepotica je provela tri mjeseca vrlo zadovoljna u palači
**Todas las noches la bestia le hacía una visita.**
svake ju je večeri zvijer posjećivala
**y hablaron durante la cena**
i razgovarali su za vrijeme večere
**Hablaban con sentido común**
razgovarali su zdravorazumski
**Pero no hablaban con lo que la gente llama ingenio.**
ali nisu razgovarali s onim što ljudi nazivaju duhovitošću
**Bella siempre descubre algún carácter valioso en la bestia.**
ljepota je uvijek otkrivala neki vrijedan karakter u zvijeri

**y ella se había acostumbrado a su deformidad**
a ona se navikla na njegov deformitet
**Ella ya no temía el momento de su visita.**
nije se više bojala vremena njegova posjeta
**Ahora a menudo miraba su reloj.**
sada je često pogledavala na sat
**y ella no podía esperar a que fueran las nueve en punto**
i jedva je čekala da bude devet sati
**Porque la bestia nunca dejaba de venir a esa hora**
jer zvijer nikada nije propustila doći u taj čas
**Sólo había una cosa que preocupaba a Bella.**
postojala je samo jedna stvar koja se ticala ljepote
**Todas las noches antes de irse a dormir la bestia le hacía la misma pregunta.**
svaku večer prije nego što je otišla u krevet zvijer ju je pitala isto pitanje
**El monstruo le preguntó si sería su esposa.**
čudovište ju je upitalo bi li mu bila žena
**Un día ella le dijo: "bestia, me pones muy nerviosa"**
jednog dana mu je rekla, "zvijeri, jako mi smetaš"
**"Me gustaría poder consentir en casarme contigo"**
"Volio bih da mogu pristati da se udam za tebe"
**"Pero soy demasiado sincero para hacerte creer que me casaría contigo"**
"ali previše sam iskren da bih te natjerao da povjeruješ da bih te oženio"
**"nuestro matrimonio nunca se realizará"**
"naš brak se nikada neće dogoditi"
**"Siempre te veré como un amigo"**
"Uvijek ću te doživljavati kao prijatelja"
**"Por favor, trate de estar satisfecho con esto"**
"molim vas, pokušajte biti zadovoljni ovim"
**"Debo estar satisfecho con esto", dijo la bestia.**
"Moram biti zadovoljan ovime", reče zvijer
**"Conozco mi propia desgracia"**
"Ja znam svoju nesreću"

"pero te amo con el más tierno cariño"
"ali ja te volim najnježnijom ljubavlju "
"Sin embargo, debo considerarme feliz"
"Međutim, trebao bih se smatrati sretnim"
"Y me alegraría que te quedaras aquí"
"i trebao bih biti sretan što ćeš ostati ovdje"
"Prométeme que nunca me dejarás"
"obećaj mi da me nikad nećeš ostaviti"
**Bella se sonrojó ante estas palabras.**
ljepotica je pocrvenjela na ove riječi
**Un día Bella se estaba mirando en el espejo.**
jednog dana ljepotica se gledala u svoje ogledalo
**Su padre se había preocupado muchísimo por ella.**
njezin se otac jako zabrinuo za nju
**Ella anhelaba verlo de nuevo más que nunca.**
čeznula je da ga ponovno vidi više nego ikada
"Podría prometerte que nunca te abandonaré por completo"
"Mogao bih obećati da te nikad neću potpuno napustiti"
"Pero tengo un deseo tan grande de ver a mi padre"
"ali imam veliku želju vidjeti svog oca"
"Me molestaría muchísimo si dijeras que no"
"Bio bih nevjerojatno uznemiren ako kažeš ne"
"Preferiría morir yo mismo", dijo el monstruo.
"Radije bih i sam umro", reče čudovište
"Prefiero morir antes que hacerte sentir incómodo"
"Radije bih umro nego da ti stvaraš nelagodu"
"Te enviaré con tu padre"
"Poslat ću te tvom ocu"
"permanecerás con él"
"ostat ćeš s njim"
"y esta desafortunada bestia morirá de pena en su lugar"
"a ova nesretna zvijer će umjesto toga umrijeti od tuge"
"No", dijo Bella, llorando.
"Ne", rekla je ljepotica plačući
"Te amo demasiado para ser la causa de tu muerte"
"Previše te volim da bih bio uzrok tvoje smrti"

"Te doy mi promesa de regresar en una semana"
"Obećavam ti da ću se vratiti za tjedan dana"
"Me has demostrado que mis hermanas están casadas"
"Pokazali ste mi da su moje sestre udate"
"y mis hermanos se han ido al ejército"
"i moja braća su otišla u vojsku"
"déjame quedarme una semana con mi padre, ya que está solo"
"dopustite mi da ostanem tjedan dana s ocem, jer je sam"
"Estarás allí mañana por la mañana", dijo la bestia.
"Bit ćeš tamo sutra ujutro", reče zvijer
"pero recuerda tu promesa"
"ali zapamti svoje obećanje"
"Solo tienes que dejar tu anillo sobre una mesa antes de irte a dormir"
"Trebaš samo položiti svoj prsten na stol prije nego što odeš u krevet"
"Y luego serás traído de regreso antes de la mañana"
"i onda ćeš biti vraćen prije jutra"
"Adiós querida belleza", suspiró la bestia.
"Zbogom draga ljepotice", uzdahne zvijer
**Bella se fue a la cama muy triste esa noche.**
ljepotica je te noći otišla u krevet jako tužna
**Porque no quería ver a la bestia tan preocupada.**
jer nije htjela vidjeti zvijer tako zabrinutu
**A la mañana siguiente se encontró en la casa de su padre.**
sljedećeg jutra našla se u očevoj kući
**Ella hizo sonar una campanita junto a su cama.**
zazvonila je zvončićem pokraj kreveta
**y la criada dio un grito fuerte**
a služavka je glasno vrisnula
**y su padre corrió escaleras arriba**
a njezin je otac otrčao gore
**Él pensó que iba a morir de alegría.**
mislio je da će umrijeti od radosti
**La sostuvo en sus brazos durante un cuarto de hora.**

držao ju je u naručju četvrt sata
**Finalmente los primeros saludos terminaron.**
na kraju su završili prvi pozdravi
**Bella empezó a pensar en levantarse de la cama.**
ljepotica je počela razmišljati o ustajanju iz kreveta
**pero se dio cuenta de que no había traído ropa**
ali je shvatila da nije ponijela odjeću
**pero la criada le dijo que había encontrado una caja**
ali joj je sluškinja rekla da je našla kutiju
**El gran baúl estaba lleno de vestidos y batas.**
velika škrinja bila je puna haljina i haljina
**Cada vestido estaba cubierto de oro y diamantes.**
svaka je haljina bila prekrivena zlatom i dijamantima
**Bella agradeció a la Bestia por su amable atención.**
ljepotica je zahvalila zvijeri na njegovoj ljubaznoj brizi
**y tomó uno de los vestidos más sencillos**
i uzela je jednu od najobičnijih haljina
**Ella tenía la intención de regalar los otros vestidos a sus hermanas.**
ostale je haljine namjeravala dati svojim sestrama
**Pero ante ese pensamiento el arcón de ropa desapareció.**
ali na tu pomisao škrinja s odjećom je nestala
**La bestia había insistido en que la ropa era solo para ella.**
zvijer je inzistirala da je odjeća samo za nju
**Su padre le dijo que ese era el caso.**
otac joj je rekao da je to bio slučaj
**Y enseguida volvió el baúl de la ropa.**
i odmah se kovčeg s odjećom opet vratio
**Bella se vistió con su ropa nueva**
ljepotica se obukla u svoju novu odjeću
**Y mientras tanto las doncellas fueron a buscar a sus hermanas.**
a u međuvremenu su sluškinje otišle pronaći njezine sestre
**Ambas hermanas estaban con sus maridos.**
obje njezine sestre bile su sa svojim muževima
**Pero sus dos hermanas estaban muy infelices.**

ali obje su njezine sestre bile vrlo nesretne
**Su hermana mayor se había casado con un caballero muy guapo.**
njezina se najstarija sestra udala za vrlo zgodnog gospodina
**Pero estaba tan enamorado de sí mismo que descuidó a su esposa.**
ali je bio toliko sklon sebi da je zanemario svoju ženu
**Su segunda hermana se había casado con un hombre ingenioso.**
njezina se druga sestra udala za duhovitog čovjeka
**Pero usó su ingenio para atormentar a la gente.**
ali je svojom duhovitošću mučio ljude
**Y atormentaba a su esposa sobre todo.**
a najviše je mučio svoju ženu
**Las hermanas de Bella la vieron vestida como una princesa**
ljepotičine sestre vidjele su je odjevenu poput princeze
**y se enfermaron de envidia**
i razboljeli su se od zavisti
**Ahora estaba más bella que nunca**
sada je bila ljepša nego ikada
**Su comportamiento cariñoso no pudo sofocar sus celos.**
njezino nježno ponašanje nije moglo ugušiti njihovu ljubomoru
**Ella les contó lo feliz que estaba con la bestia.**
rekla im je kako je sretna sa zvijeri
**y sus celos estaban a punto de estallar**
a njihova je ljubomora bila spremna prsnuti
**Bajaron al jardín a llorar su desgracia.**
Sišli su u vrt da plaču o svojoj nesreći
"**¿En qué sentido esta pequeña criatura es mejor que nosotros?**"
"Po čemu je ovo malo stvorenje bolje od nas?"
"**¿Por qué debería estar mucho más feliz?**"
"Zašto bi ona trebala biti toliko sretnija?"
"**Hermana**", dijo la hermana mayor.
"Sestro", rekla je starija sestra

"Un pensamiento acaba de golpear mi mente"
"jedna misao mi je upravo pala na pamet"
"Intentemos mantenerla aquí más de una semana"
"Pokušajmo je zadržati ovdje više od tjedan dana"
"Quizás esto enfurezca al tonto monstruo"
"možda će ovo razbjesniti blesavo čudovište"
"porque ella hubiera faltado a su palabra"
"jer bi prekršila riječ"
"y entonces podría devorarla"
"a onda bi je mogao proždrijeti"
"Esa es una gran idea", respondió la otra hermana.
"to je sjajna ideja", odgovorila je druga sestra
"Debemos mostrarle la mayor amabilidad posible"
"moramo joj pokazati što više ljubaznosti"
**Las hermanas tomaron esta resolución**
sestre su to odlučile
**y se comportaron con mucho cariño con su hermana**
i ponašale su se vrlo nježno prema svojoj sestri
**La pobre belleza lloró de alegría por toda su bondad.**
jadna ljepotica plakala je od radosti zbog sve njihove dobrote
**Cuando la semana se cumplió, lloraron y se arrancaron el pelo.**
kad je tjedan istekao, plakali su i čupali kosu
**Parecían muy apenados por separarse de ella.**
činilo se da im je tako žao rastati se od nje
**y Bella prometió quedarse una semana más**
a ljepotica je obećala da će ostati tjedan dana duže
**Mientras tanto, Bella no pudo evitar reflexionar sobre sí misma.**
U međuvremenu, ljepota nije mogla ne razmišljati o sebi
**Ella se preocupaba por lo que le estaba haciendo a la pobre bestia.**
brinula se što radi jadnoj zvijeri
**Ella sabía que lo amaba sinceramente.**
zna da ga je iskreno voljela
**Y ella realmente anhelaba verlo otra vez.**

i doista je čeznula da ga opet vidi
**La décima noche también la pasó en casa de su padre.**
i desetu noć provela kod oca
**Ella soñó que estaba en el jardín del palacio.**
sanjala je da je u vrtu palače
**y soñó que veía a la bestia extendida sobre la hierba**
i sanjala je da je vidjela zvijer ispruženu na travi
**Parecía reprocharle con voz moribunda**
činilo se da joj predbacuje umirućim glasom
**y la acusó de ingratitud**
a on ju je optužio za nezahvalnost
**Bella se despertó de su sueño.**
ljepotica se probudila iz sna
**y ella estalló en lágrimas**
a ona je briznula u plač
"**¿No soy muy malvado?**"
"Nisam li jako zao?"
"**¿No fue cruel de mi parte actuar tan cruelmente con la bestia?**"
"Nije li bilo okrutno od mene što sam se tako neljubazno ponašao prema zvijeri?"
"**La bestia hizo todo lo posible para complacerme**"
"zvijer je učinila sve da mi ugodi"
**-¿Es culpa suya que sea tan feo?**
— Je li on kriv što je tako ružan?
**¿Es culpa suya que tenga tan poco ingenio?**
— Je li on kriv što ima tako malo pameti?
"**Él es amable y bueno, y eso es suficiente**"
"On je ljubazan i dobar, i to je dovoljno"
"**¿Por qué me negué a casarme con él?**"
"Zašto sam se odbila udati za njega?"
"**Debería estar feliz con el monstruo**"
"Trebao bih biti sretan s čudovištem"
"**Mira los maridos de mis hermanas**"
"pogledaj muževe mojih sestara"
"**ni el ingenio ni la belleza los hacen buenos**"

"ni duhovitost, ni ljepota ih ne čini dobrima"
**"Ninguno de sus maridos las hace felices"**
"nijedan od njihovih muževa ih ne usrećuje"
**"pero virtud, dulzura de carácter y paciencia"**
"nego vrlina, ljupkost i strpljivost"
**"Estas cosas hacen feliz a una mujer"**
"ove stvari čine ženu sretnom"
**"y la bestia tiene todas estas valiosas cualidades"**
"i zvijer ima sve te vrijedne kvalitete"
**"Es cierto; no siento la ternura del afecto por él"**
"istina je; ne osjećam nježnost naklonosti prema njemu"
**"Pero encuentro que tengo la más alta gratitud por él"**
"ali smatram da imam najveću zahvalnost za njega"
**"y tengo por él la más alta estima"**
"i ja ga najviše cijenim"
**"y él es mi mejor amigo"**
"i on je moj najbolji prijatelj"
**"No lo haré miserable"**
"Neću ga učiniti nesretnim"
**"Si fuera tan desagradecido nunca me lo perdonaría"**
"Da sam bio tako nezahvalan, nikad si ne bih oprostio"
**Bella puso su anillo sobre la mesa.**
ljepotica stavi svoj prsten na stol
**y ella se fue a la cama otra vez**
i opet je otišla u krevet
**Apenas estaba en la cama cuando se quedó dormida.**
jedva da je bila u krevetu prije nego što je zaspala
**Ella se despertó de nuevo a la mañana siguiente.**
sljedeće se jutro ponovno probudila
**Y ella estaba muy contenta de encontrarse en el palacio de la bestia.**
i bila je presretna što se našla u zvijerinoj palači
**Ella se puso uno de sus vestidos más bonitos para complacerlo.**
odjenula je jednu od svojih najljepših haljina kako bi mu ugodila

**y ella esperó pacientemente la tarde**
a ona je strpljivo čekala večer
**llegó la hora deseada**
je došao željeni čas
**El reloj dio las nueve, pero ninguna bestia apareció**
sat je otkucao devet, ali se nije pojavila zvijer
**Bella entonces temió haber sido la causa de su muerte.**
ljepotica se tada bojala da je ona uzrok njegove smrti
**Ella corrió llorando por todo el palacio.**
trčala je plačući po cijeloj palači
**Después de haberlo buscado por todas partes, recordó su sueño.**
nakon što ga je posvuda tražila, sjetila se svog sna
**y ella corrió hacia el canal en el jardín**
a ona je otrčala do kanala u vrtu
**Allí encontró a la pobre bestia tendida.**
tamo je našla jadnu zvijer ispruženu
**y estaba segura de que lo había matado**
a bila je sigurna da ga je ubila
**Ella se arrojó sobre él sin ningún temor.**
bacila se na njega bez imalo straha
**Su corazón todavía latía**
srce mu je još kucalo
**Ella fue a buscar un poco de agua al canal.**
donijela je vode iz kanala
**y derramó el agua sobre su cabeza**
i izli mu vodu na glavu
**La bestia abrió los ojos y le habló a Bella.**
zvijer je otvorila oči i obratila se ljepotici
**"Olvidaste tu promesa"**
"Zaboravio si obećanje"
**"Me rompió el corazón haberte perdido"**
"Srce mi je bilo tako slomljeno što sam te izgubio"
**"Resolví morirme de hambre"**
"Odlučio sam se izgladnjivati"
**"pero tengo la felicidad de verte una vez más"**

"ali imam sreću vidjeti te još jednom"
**"Así tengo el placer de morir satisfecho"**
"tako da imam zadovoljstvo umrijeti zadovoljan"
**"No, querida bestia", dijo Bella, "no debes morir".**
"Ne, draga zvijeri", reče ljepotica, "ne smiješ umrijeti"
**"Vive para ser mi marido"**
"Živi da budeš moj muž"
**"Desde este momento te doy mi mano"**
"Od ovog trenutka ti dajem ruku"
**"Y juro no ser nadie más que tuyo"**
"i kunem se da ću biti samo tvoj"
**"¡Ay! Creí que sólo tenía una amistad para ti"**
"Jao! Mislio sam da za tebe imam samo prijateljstvo"
**"Pero el dolor que ahora siento me convence;"**
"ali tuga koju sada osjećam uvjerava me;"
**"No puedo vivir sin ti"**
"Ne mogu živjeti bez tebe"
**Bella apenas había dicho estas palabras cuando vio una luz.**
rijetka ljepotica izgovorila je ove riječi kad je ugledala svjetlo
**El palacio brillaba con luz**
palača je svjetlucala
**Los fuegos artificiales iluminaron el cielo**
vatromet je obasjao nebo
**y el aire se llenó de música**
a zrak ispunjen glazbom
**Todo daba aviso de algún gran acontecimiento**
sve je davalo navijest o nekom velikom događaju
**Pero nada podía captar su atención.**
ali ništa joj nije moglo zadržati pozornost
**Ella se volvió hacia su querida bestia.**
obratila se svojoj dragoj zvijeri
**La bestia por la que ella temblaba de miedo**
zvijer za kojom je drhtala od straha
**¡Pero su sorpresa fue grande por lo que vio!**
ali njezino je iznenađenje bilo veliko onim što je vidjela!
**La bestia había desaparecido**

zvijer je nestala
**En cambio, vio al príncipe más encantador.**
umjesto toga vidjela je najljupkijeg princa
**Ella había puesto fin al hechizo.**
stala je na kraj čaroliji
**Un hechizo bajo el cual se parecía a una bestia.**
čaroliju pod kojom je nalikovao zvijeri
**Este príncipe era digno de toda su atención.**
ovaj je princ bio vrijedan sve njezine pažnje
**Pero no pudo evitar preguntar dónde estaba la bestia.**
ali nije mogla a da ne upita gdje je zvijer
**"Lo ves a tus pies", dijo el príncipe.**
Vidiš ga kod svojih nogu, reče princ
**"Un hada malvada me había condenado"**
"Osudila me opaka vila"
**"Debía permanecer en esa forma hasta que una hermosa princesa aceptara casarse conmigo"**
"Trebao sam ostati u takvom obliku dok se lijepa princeza ne pristane udati za mene"
**"El hada ocultó mi entendimiento"**
"vila je sakrila moje razumijevanje"
**"Fuiste el único lo suficientemente generoso como para quedar encantado con la bondad de mi temperamento"**
"ti si jedini bio dovoljno velikodušan da te očara dobrota moje ćudi"
**Bella quedó felizmente sorprendida**
ljepotica je bila sretno iznenađena
**Y le dio la mano al príncipe encantador.**
i pružila je dražesnom princu svoju ruku
**Entraron juntos al castillo**
otišli su zajedno u dvorac
**Y Bella se alegró mucho al encontrar a su padre en el castillo.**
a ljepotica je bila presretna što je zatekla oca u dvorcu
**y toda su familia estaba allí también**
i cijela njezina obitelj također je bila tamo
**Incluso Bella dama que apareció en su sueño estaba allí.**

čak je i lijepa dama koja joj se pojavila u snu bila tamo
**"Belleza", dijo la dama del sueño.**
"ljepota", rekla je dama iz sna
**"ven y recibe tu recompensa"**
"dođi i primi svoju nagradu"
**"Has preferido la virtud al ingenio o la apariencia"**
"više voliš vrlinu nego pamet ili izgled"
**"Y tú mereces a alguien en quien se unan estas cualidades"**
"i zaslužuješ nekoga u kome su ove kvalitete ujedinjene"
**"vas a ser una gran reina"**
"ti ćeš biti velika kraljica"
**"Espero que el trono no disminuya vuestra virtud"**
"Nadam se da prijestolje neće umanjiti tvoju vrlinu"
**Entonces el hada se volvió hacia las dos hermanas.**
onda se vila okrenu dvjema sestrama
**"He visto dentro de vuestros corazones"**
"Vidio sam unutar vaših srca"
**"Y sé toda la malicia que contienen vuestros corazones"**
"i znam svu zlobu koja tvoja srca sadrže"
**"Ustedes dos se convertirán en estatuas"**
"vas dvoje ćete postati kipovi"
**"pero mantendréis vuestras mentes"**
"ali zadržat ćeš se"
**"estarás a las puertas del palacio de tu hermana"**
"stajat ćeš na vratima palače svoje sestre"
**"La felicidad de tu hermana será tu castigo"**
"sreća tvoje sestre bit će tvoja kazna"
**"No podréis volver a vuestros antiguos estados"**
"nećeš se moći vratiti u svoja bivša stanja"
**"A menos que ambos admitan sus errores"**
"osim ako oboje ne priznate svoje greške"
**"Pero preveo que siempre permaneceréis como estatuas"**
"ali predviđam da ćete uvijek ostati kipovi"
**"El orgullo, la ira, la gula y la ociosidad a veces se vencen"**
"ponos, ljutnja, proždrljivost i besposlica ponekad se pobjeđuju"

" pero la conversión de las mentes envidiosas y maliciosas son milagros"
" ali obraćenje zavidnih i zlonamjernih umova su čuda"
Inmediatamente el hada dio un golpe con su varita.
odmah vila udari štapićem
Y en un momento todos los que estaban en el salón fueron transportados.
i u trenu su se prevezli svi koji su bili u dvorani
Habían entrado en los dominios del príncipe.
bili su otišli u kneževu vlast
Los súbditos del príncipe lo recibieron con alegría.
kneževi su ga podanici s radošću primili
El sacerdote casó a Bella y la bestia
svećenik je vjenčao ljepoticu i zvijer
y vivió con ella muchos años
i živio je s njom mnogo godina
y su felicidad era completa
i njihova je sreća bila potpuna
porque su felicidad estaba fundada en la virtud
jer je njihova sreća bila utemeljena na vrlini

### El fin
Kraj

**www.tranzlaty.com**

www.ingramcontent.com/pod-product-compliance
Lightning Source LLC
Chambersburg PA
CBHW011555070526
44585CB00023B/2609